UNE

COMBINAISON NOUVELLE

EN MATIÈRE D'ÉCONOMIE SOCIALE

OU

DIMINUTION DES IMPÔTS ET AUGMENTATION DU BUDGET DE L'ÉTAT

EXTINCTION DU CHÔMAGE ET DU PAUPÉRISME

BIEN-ÊTRE ET SÉCURITÉ POUR TOUS.

IMPRIMERIE BÉNARD ET COMP., RUE DAMIETTE, 2.

UNE
COMBINAISON NOUVELLE

EN MATIÈRE D'ÉCONOMIE SOCIALE

OU

DIMINUTION DES IMPÔTS ET AUGMENTATION DU BUDGET DE L'ÉTAT...

EXTINCTION DU CHÔMAGE ET DU PAUPÉRISME...

BIEN-ÊTRE ET SÉCURITÉ POUR TOUS

PAR

ADOLPHE BERTRON

PARIS

IMPRIMERIE DE BÉNARD ET Cie

2, RUE DAMIETTE

1852

UNE COMBINAISON NOUVELLE.

Il y a bien longtemps que le pauvre monde
s'épuise à travailler pour l'Etat : le moment est
venu où l'Etat doit travailler un peu pour le
pauvre monde.

..... *Panem nostrum quotidianum da nobis
hodié; et dimitte nobis debita nostra sicut et
nos dimittimus debitoribus nostris; et ne nos
inducas in tentationem; sed libera nos à malo...*

« Donnez-nous aujourd'hui notre pain quotidien,
et pardonnez-nous nos offenses comme nous par-
donnons à ceux qui nous ont offensé, et ne nous
poussez pas à la tentation; mais délivrez-nous du
mal. »

I.

Nous allons développer le projet d'une amélioration
importante qu'il serait possible de réaliser dans notre organisation sociale.

Il s'agit des intérêts moraux et matériels du riche et du
pauvre, du fort et du faible, du savant et de l'ignorant.

Ces intérêts, quelle que soit la classe de la société que l'on considère, sont aujourd'hui presque tous abandonnés aux caprices du hasard. Le savoir, le travail, la prudence, ne sont une garantie suffisante pour personne; il surgit à chaque instant des circonstances imprévues et d'une puissance irrésistible, qui détruisent en une heure les espérances les mieux fondées et les combinaisons les mieux conçues.

Ainsi, la richesse patrimoniale, la richesse acquise sont exposées aux banqueroutes des dépositaires, aux faillites de la spéculation, à la ruine trop fréquente des fermiers ou des locataires.

Les industriels, les petits fabricants, les négociants de toute sorte peuvent, d'une saison à l'autre, voir leur position compromise par une crise commerciale quelconque, par une concurrence inattendue, par une invention progressive, par le danger ou même par la seule appréhension d'une perturbation politique, soit à l'intérieur du pays, soit à l'extérieur.

Les innombrables ouvriers, commis, journaliers ou domestiques, employés par le commerce et l'industrie, ont, à un degré plus persistant encore, les mêmes inquiétudes que leurs patrons, auxquelles, pour surcroît de malaise, ils sont obligés de joindre sans cesse la crainte de déplaire et d'être remplacés dans leur atelier ou dans leur emploi.

Les fonctionnaires de toute la hiérarchie administrative sont à la merci des boutades, des erreurs possibles d'un chef immédiat, et à la merci des changements ministériels ou révolutionnaires.

Les savants, les littérateurs, les peintres et les artistes de toutes les catégories n'ont ni certitude, ni perspective de bonheur quand un incident favorable, une intrigue, un talent hors ligne ne les tirent pas de la foule et de la misère communes.

L'armée, le clergé, le professorat, la magistrature secondaire sont des carrières où, sauf dans de très-rares exceptions, des hommes d'un mérite incontestable n'ont pas même l'espoir de vivre un jour dans l'abondance à laquelle peuvent prétendre l'agioteur le moins honnête, le marchand le moins habile, le brocanteur le plus humble.

Et enfin la condition de la femme, au point de vue général, est telle, que lorsque l'époux ou la famille lui font défaut, l'infortunée est lâchement condamnée par nos mœurs ou à la mendicité, ou à la prostitution, ou au suicide.

Ainsi, à côté du sort déplorable des malheureux qui passent leurs tristes jours dans la fangeuse misère, dans la honte, dans les larmes, nous sommes en droit de constater cette autre terrible vérité, que les riches possesseurs d'une grande partie du sol et du capital de la France, c'est-à-dire ceux-là mêmes que nous désignons habituellement comme les heureux de ce monde, souffrent moralement et matériellement de l'incertitude du présent et des dangers de l'avenir, autant qu'en souffrent les laborieux ouvriers de l'agriculture et de l'industrie, les artisans, les artistes et les modestes fonctionnaires. Ni les uns ni les autres ne peuvent, en aucune occasion bien comprise, s'abandonner à cette forte et large confiance qui double les aptitudes de l'homme, qui grandit à la fois l'âme et l'intelligence, qui fait naître la générosité, le dévouement et le génie, qui féconde, en un mot, toutes les sources de la félicité humaine. Tous, au contraire, perdent ou gaspillent les plus belles années de leur vie à se prémunir contre les embûches sans nombre qu'il leur

semble, avec juste raison, voir tendues autour d'eux. L'a-
rène sociale se transforme ainsi à leurs yeux en un vaste
guet-apens. A chaque pas qu'ils y font, à chaque parole
qu'ils y prononcent, ils jugent prudent de s'assurer tout
d'abord si le péril attendu ne les menace pas. Ce péril
n'arrive pas toujours, il est vrai; souvent même il ne se
montre réellement que pour le plus petit nombre; mais,
n'importe; chacun ayant lieu de supposer qu'il pourrait
facilement être atteint le premier, la défiance est univer-
selle, permanente, et de jour en jour plus cruellement ty-
rannique. On est en garde contre soi, contre tous et contre
tout; contre ses penchants, ses affections, ses besoins lé-
gitimes, rien qu'en voyant combien les satisfactions don-
nées à des entraînements semblables ont été funestes à au-
trui; contre ses amis, contre ses parents, contre sa propre
famille, rien qu'en se souvenant des trahisons accomplies
de toutes parts.

Cette panique perpétuelle, qui serait risible si elle
n'était dégradante, et que pour cela nous voudrions nous
dissimuler mutuellement en la déguisant, dans nos relations ordinaires, sous les noms pompeux de *prudence*,
d'*habileté*, de *savoir-faire*, est, en effet, malheureusement
indispensable aujourd'hui, lorsque l'on veut réussir en
quelque chose.

Or, comme chacun veut réussir en quelque chose ou
pour soi ou pour ses enfants, chacun est réduit à ruser
du mieux qu'il peut. Personne ne va droit son chemin.
Nul ne peut rester lui-même. Il faut chaque jour, à chaque
instant, dire ce que l'on ne pense pas, faire ce que l'on
ne voudrait pas faire. Ici, l'un s'évertue à paraître pauvre
quand il a de quoi se suffire, embarrassé quand tout lui
prospère, ruiné quand il est riche. Ailleurs, un autre s'éver-

tue à paraître riche quand il est pauvre, content quand il est désespéré. Le poltron fait hautement le brave. Le fripon parvient à singer l'honnête homme. La débauche se pare des dehors de la vertu. L'avarice parle de philanthropie. La haine, l'envie, gardent sur leurs lèvres le sourire du désintéressement, de l'amitié. La prostitution se substitue à l'amour. La cupidité détrône la foi. La vénalité tue le civisme... De telle sorte que tout est duperie, mensonge, grimace parmi nous, et que là où la vérité, la loyauté, la grandeur d'âme existeraient encore, elles sont contraintes, pour éviter les dangers de l'*excentricité*, de l'abandon, du ridicule, de se cacher, comme le vice ou comme le crime, sous un masque à la mode.

Et vous, lecteur, qui que vous soyez, si vous n'êtes pas convaincu de l'exactitude de ce rapide tableau ; si vous êtes au contraire satisfait de notre état social tel que vous le voyez ; et si vous avez pris l'habitude de dire qu'il n'y a rien de mieux à trouver, qu'il faut laisser aller les choses comme elles vont d'elles-mêmes, fermez, fermez promptement ce livre!... Il n'est pas écrit pour vous : il ne s'adresse qu'aux hommes intelligents, justes et amis sincères de l'humanité.

II.

Le malaise de notre société peut donc se résumer ainsi :

1° *Peur* chez ceux qui possèdent autant de richesse qu'ils en veulent, de ne pouvoir la conserver pour en jouir pleinement et à leur gré.

2° Chez ceux qui, n'étant pas satisfaits de ce qu'ils possèdent, cherchent à l'augmenter par leur activité et leur intelligence, *peur* de ne pouvoir y parvenir, et *peur* aussi de se ruiner dans la lutte.

5° Et chez ceux qui n'ont rien, *peur* de ne pouvoir jamais parvenir à posséder quelque chose, et *peur* en même temps de ne pouvoir gagner assez pour vivre honorablement et pour éviter d'aller mourir à l'hôpital.

Ces trois catégories de trembleurs embrassent non-seulement toute notre population, mais toute la race humaine civilisée, et l'on ne saurait dire que la *peur* dont nous parlons ne soit pas le sentiment dominant dans chacune d'elles.

Ce sentiment, dans la langue ordinaire, prend des

noms différents, selon l'éducation, la position, la justesse des vues et le tempérament des individus, et il se modifie à l'infini, depuis la vague inquiétude jusqu'à la terreur. Mais quelque nom qu'on lui donne, les effets qu'il produit, variés et gradués aussi selon son plus ou moins d'action sur les individualités, constituent positivement l'ensemble des désordres qui tourmentent le monde. C'est cette *peur* fatale de ne pas réussir qui nous fait dompter nos bons instincts naturels pour nous fourvoyer dans les sentiers tortueux de l'envie, de l'illusion, de l'inconnu. Nous n'allons pas droit devant nous, parce qu'il nous semble que nous arriverons plus vite où nous voudrions être en prenant des voies détournées, en essayant de franchir des obstacles contre lesquels nous nous brisons le plus souvent, et que nous aurions prudemment tournés si la *peur* d'arriver trop tard ne nous avait poussés. Puis, lorsqu'une première déception nous a frappés, lorsqu'une première chute nous a meurtris, la *peur*, la *peur* incessante de ne plus arriver du tout nous aiguillonnant encore, nous nous jetons tête perdue, sous prétexte d'adresse ou d'audace, dans des détours de plus en plus compliqués, de plus en plus hors nature ; nos rivaux, nos compétiteurs comprenant alors que nous pourrions parvenir à les distancer s'ils persistaient à suivre la voie battue, s'en écartent à leur tour, s'abandonnent aussi à la *peur* de ne pas arriver à temps, et à notre adresse, à nos ruses, à notre audace, ils opposent ruses et audaces pareilles..... C'est là la vie, c'est là le déploiement de l'intelligence, c'est là le progrès, va-t-on dire. Oui, c'est le déploiement de l'intelligence ; oui c'est la source du progrès... Mais c'est aussi la source du mensonge, de l'hypocrisie, de la

jalousie furieuse, du vol, du crime sous toutes ses faces...
Regardez donc autour de vous! à côté d'un progrès qui
surgit, combien de nobles âmes qui s'éteignent! à côté de
quelques hardis lutteurs qui prospèrent, combien de
bonnes et loyales familles qui tombent dans la misère!
Pour un éclat de joie, pour un rayonnement de bonheur,
combien de larmes amères qui coulent silencieuses dans
la confusion et le remords!

Est-ce à dire qu'un progrès qui nous coûte aussi cher
doive être repoussé?... Telle n'est pas notre pensée. Le
progrès, nous ne l'apprenons à personne, est une des lois
rigoureuses de la vie sociale. Mais ne peut-il se faire jour
qu'à travers d'aussi déplorables contrastes? Sommes-nous
destinés à ne le poursuivre qu'au milieu des tempêtes? et
pour le joindre quelquefois à peine sans pouvoir jamais
le soumettre à nos vœux, nous faudra-t-il toujours affron-
ter des naufrages?... Non, assurément. Si, comme on
doit l'espérer, l'état de la brute sauvage n'est pas la fin de
l'homme, nous sortirons un jour de ce cercle funeste.

Car, enfin, si comme nous l'avons dit et comme nous le
prouverons surabondamment, les causes du mal social
sont toutes :

Dans la *peur* qu'a le riche de perdre ce qu'il possède,

Dans la *peur* qu'a l'ambitieux de ne pas obtenir ce qu'il
convoite,

Dans la *peur* qu'a le prolétaire de manquer du strict
nécessaire,

Nous aurions facilement raison des difficultés du problème à résoudre si nous pouvions assurer :

Au premier, la tranquille possession de la chose acquise,

Au second, le libre et complet développement des moyens qui peuvent faire acquérir la chose convoitée,

Et au dernier, le pain, le vêtement, l'abri dont il ne peut jamais se passer.

Examinons ces trois propositions.

III.

Pour assurer la possession de la chose acquise il ne suffit pas, dans un pays, d'empêcher le vol, le pillage : il faut encore maintenir un ordre tel que la chose acquise, terre ou capital, rapporte le revenu probable sur lequel le possesseur a été autorisé à compter (1).

Les possesseurs qui ne spéculent pas dans le but d'accroître leur richesse sont pour la plupart propriétaires du domaine agricole de la France, et quelquefois des grands bâtiments ainsi que du matériel de l'industrie. Ils sont

(1) Les possesseurs sont ou cultivateurs, ou industriels, ou capitalistes.

Dans les deux premiers cas, on les désigne sous le nom générique de *producteurs*.

Les possesseurs exclusivement capitalistes ne produisent pas; ils sont banquiers, prêteurs, négociants, marchands , etc. Leur argent sert à la circulation des produits, aux échanges; ils prêtent aussi pour réaliser des opérations de production. Nous les nommerons ici, tous ensemble, les *intermédiaires* ou les *commerçants*.

Les commis sont des prolétaires à la solde de ces *intermédiaires* , de ces *commerçants*.

Les *ouvriers* sont des prolétaires travaillant, moyennant salaire , pour le compte des producteurs industriels. Les *journaliers* travaillent pour le compte des producteurs agricoles. Ouvriers et journaliers sont généralement appelés des *travailleurs*.

Nous avons rappelé ces détails, afin d'éviter toute confusion de langage.

retirés des affaires ; beaucoup n'y ont même jamais été engagés. Tout ce qu'ils demandent c'est de toucher régulièrement le montant de leurs fermages, de leurs loyers et de l'intérêt des sommes prêtées, de-çi de-là, à différents producteurs qui n'ont pas tout ce qu'il leur faudrait. Pour combler les vœux de ces paisibles propriétaires-rentiers, il suffirait donc que chacun pût remplir les engagements contractés vis-à-vis d'eux : tout alors serait pour le mieux.

Or, en quoi consistent ces engagements? Dans quel but ont-ils été contractés?

Les fermes ont été louées par des cultivateurs animés de l'ardent désir et de l'espoir de leur faire produire assez abondamment pour y élever toute une famille, et conséquemment pour payer avant tout le prix du fermage stipulé. Il en a été de même des fabriques, autres immeubles et matériel ou outillage de production. Des hommes industrieux, intrépides, ont mis là toutes leurs espérances et le plus souvent toutes leurs ressources. Ce qu'ils veulent, c'est réussir; et leur réussite, c'est un gain, c'est un bénéfice annuels. Cultivateurs, artisans ou industriels, fermiers, locataires ou commandités, qui ont des engagements à remplir vis-à-vis des propriétaires-rentiers, vivent donc sous la nécessité immédiate, pressante, de se trouver toujours à même de remplir ces engagements, car s'ils ne les remplissent pas ils perdent leur temps, entravent leur carrière et compromettent à jamais leur propre bien-être. Mais quelle est la condition première de la réussite? — C'est le travail, c'est le profit qui résulte de ce travail.... Et comment se réalise le profit? — Par la vente des produits obtenus. Il faut alors poser comme un premier fait incontestable que c'est de cette *vente* seule que dépendent simultanément la prospé-

rité des possesseurs du sol et du capital et la prospérité
des hommes industrieux qui s'attachent à faire produire
ce sol et ce capital. Assurer la *vente* de ces produits ce
serait donc assurer la pleine et paisible jouissance de la
chose acquise, c'est-à-dire combler les vœux des propriétaires et rentiers qui ne spéculent plus. Tel était l'objet de
notre première proposition.

La seconde est relative aux hommes qui veulent ou
accroître ou faire leur fortune. Nous les divisons en deux
classes : la première comprend ceux qui spéculent, soit
sur la production du sol ou de l'industrie, soit sur la
manipulation de ces produits. Ce sont encore des cultivateurs, des industriels, et des artisans. La seconde classe
comprend ceux qui spéculent sur le capital. Ce sont les
intermédiaires, les commerçants. Nous en parlerons tout
à l'heure. Occupons-nous d'abord des spéculateurs de la
première classe. Leur position est plus claire et moins
embarrassante, car, puisqu'ils sont tous ou cultivateurs, ou
industriels ou artisans, ils ne peuvent baser leurs opérations que sur le parti à tirer des produits de leur activité,
de leur intelligence, de leur talent. Cela revient à dire encore que leur prospérité dépend uniquement de la *vente*
de ces mêmes produits. S'ils vendent bien et facilement,
ils s'efforceront toujours de produire beaucoup afin de
gagner beaucoup; il n'y a pas à en douter. Or, pour produire beaucoup il faut travailler beaucoup, il faut empêcher tout chômage dans la ferme, dans l'atelier, dans
l'usine, dans la manufacture. Empêcher tout chômage,
agricole ou industriel, c'est occuper constamment les ouvriers, les journaliers. Si on les occupe ainsi, il n'y a plus
d'interruptions dans leur salaire; s'ils reçoivent toujours
un salaire, ils ne sont jamais exposés à manquer de

pain, de vêtement, d'abri... et le spéculateur, en atteignant ainsi le but qu'il se propose lui-même, met une foule innombrable de prolétaires en position d'atteindre également le leur..... Conséquemment, assurer la *vente* des produits des agriculteurs, des industriels et des artisans divers, c'est assurer le développement des moyens propres à acquérir la chose convoitée, et c'est assurer aux travailleurs la possibilité d'acquérir le strict nécessaire.

Comme on le voit, les parties essentielles de notre seconde et de notre troisième propositions se confondent avec le fond de la première, dont elles ne sont mêmes qu'un corollaire obligé....... Donc, *assurer la vente* des produits de l'agriculture et de toutes les branches de l'industrie, tel est le problème, tel est le nœud de la question, telle est toute la difficulté. Oui, mille fois oui, si cette vente était réglée, si elle était régulière, certaine, les quatre cinquièmes de notre population auraient satisfaction de leurs besoins du moment et marcheraient avec confiance vers l'avenir. La *peur* de perdre ce que l'on a, la *peur* de ne pas obtenir ce que l'on cherche, la *peur* de manquer de tout, disparaîtraient immédiatement pour faire place à la sécurité, à l'espoir, à l'abondance *réelle* pour tous.

N'y a-t-il donc pas, juste ciel ! un moyen quelconque de règlementer, de régulariser cette vente ?

Si ce moyen existait, bien coupables seraient les gouvernants qui ne feraient pas tous les efforts possibles pour le découvrir, et une fois trouvé, bien fou serait le peuple qui ne se hâterait pas d'exiger son application !

« Mais vous rêvez, vont s'écrier les hommes qui se disent pratiques, mais le moyen dont vous parlez est appliqué depuis le commencement des siècles par le COMMERCE. Mais partout ou il y a *produit*, il y a *vente*. Mais, pour ne parler ici que de la France, nous avons au moins trois ou quatre cent mille personnes qui chaque jour, depuis le matin jusqu'au soir, ne font que *vendre* au consommateur vos produits agricoles et industriels, et la merveilleuse abondance pour tous dont vous et tant d'autres nous rompez la tête ne nous arrive pas pour cela. C'est l'épargne, c'est la persévérance dans le travail, c'est la régularité dans la conduite, c'est la sobriété dans la vie, qui font la sécurité et la richesse, et non tous vos arguments de sophistes et vos interminables lamentations humanitaires... »

On voit que nous sommes habitués à l'argumentation de ces messieurs, et que nous n'amoindrissons pas leurs objections.

Répondons-leur avec patience et disons-leur cependant la vérité, si nouveau et si étrange que le langage que nous allons tenir puisse leur paraître.

IV.

Non, messieurs, le Commerce n'offre pas aux producteurs des facilités suffisantes pour la vente. Le Commerce, nous le savons bien, visite du soir au matin toutes les manufactures, tous les ateliers, pour s'enquérir des produits, pour les examiner, les connaître, et il a le désir, la volonté de les acheter. Mais ce désir, mais cette volonté sont subordonnés, sinon à la certitude, au moins à l'espoir de réaliser un bénéfice net. Cela est, du reste, tout simple, tout naturel. Pourquoi le commerçant prendrait-il beaucoup de peine et s'exposerait-il à perdre beaucoup de temps, beaucoup d'argent à conclure un marché avec des fabricants, si ce marché ne lui présentait pas des probabilités de bénéfices? Il y aurait folie à exiger de lui un pareil dévoûement. S'il s'expose à perdre, c'est à la condition expresse qu'il ait acquis l'espoir de gagner. Personne ne peut dire le contraire. Eh bien! si vous admettez que la seule préoccupation du commerçant doive être et soit en effet de gagner de l'argent en achetant pour revendre, vous admettez sans doute aussi que la première condition du gain soit d'acheter à bon marché pour revendre

ensuite au plus haut prix possible. Telle est la loi du négoce. Or, comment s'y prend-on pour acheter à bon
marché? On ruse, on trompe autant qu'on a d'imagina-
tion et de langue. On dénature la situation générale des
affaires; on grossit les événements dangereux qui se produisent et on amoindrit les évènements favorables à la
chose publique. On publie des relations mensongères sur
ce qui se passe dans les pays d'où dépendent, à cause des
matières premières, certaines branches de la production.
On prête aux hommes politiques, aux gouvernants des
intentions auxquelles ils n'ont jamais songé. On va même
jusqu'à faire semblant de craindre des conspirations, des
menées sourdes, mystérieuses, capables de faire explosion
d'un moment à l'autre et de mettre de nouveau l'ordre
social en péril. Il va sans dire que le fabricant ne reste
pas muet : Il arrange à son tour le tableau de manière à
dérouter son antagoniste, et il se livre alors entre ces deux
hommes une des luttes dont nous parlions tout à l'heure.

Si l'acheteur a proclamé la baisse dans les affaires,
le vendeur proclame la hausse. L'un se plaint de la mauvaise foi des clients, l'autre de la dûreté des banquiers.
Le commerçant prétend être le seul à oser faire des ap-
provisionnements. Le fabricant déclare que les commandes
lui arrivent de tous côtés et qu'il ne peut y suffire. Le
premier insinue alors à voix basse, et à titre de confidence
amicale, des doutes alarmants sur la solvabilité de ses
concurrents, tandis que le second attaque la bonne qualité
des produits de ses confrères en fabrication. Puis, lorsque
nos hâbleurs sont fatigués de mensonge et d'artifice de
tout genre, ils se quittent en se comblant tout haut de
protestations de bienveillance mutuelle, tandis que, dans
le fond de son âme chacun des deux se félicite d'avoir habile-

menttrompél'autre. Etcependant lemarchén'estpas encore
conclu. Le plus souvent l'acheteur a compris que le fabricant avait besoin de vendre. Oh! certes, dès ce moment il
le tient bien. Quelques jours encore et le besoin se fera
sentir plus impérieusement: il faudra faire face à une
forte échéance ; il faudra payer une semaine, une quinzaine aux ouvriers. Point de retard possible. Si l'argent
ou les valeurs en papier ne sont pas là à l'heure dite, la
réputation, le crédit souffrent, puis l'implacable faillite
vient fermer l'atelier et jeter les travailleurs sur le pavé
des rues. Le fabricant ainsi mené au bord du fossé n'a
plus qu'à se laisser faire; il vend au prix qu'on lui offre,
bien heureux encore si le hasard l'a mis en présence de
deux ou trois rivaux. En allant de l'un à l'autre, il peut,
dans ce cas, obtenir un prix moins ruineux, car les rivaux,
qui se sont entendus jusqu'au dernier moment, ne manquent pas de se faire entre eux une guerre analogue à la
précédente, lorsqu'il s'agit de profiter du mauvais pas où
ils ont engagé leur victime. Si le commerçant Paul
offre une dépréciation de 25 pour cent des produits,
Pierre n'offrira que 20; Jean sera même plus délicat, il
ne fera perdre au fabricant que 15 pour cent. Un qua-
trième peut même descendre jusqu'à 10, jusqu'à 5; et il
est vrai de dire que si le fabricant avait le temps d'attendre,
il finirait par trouver preneur ou au prix de revient, ou
avec le bénéfice ordinaire; car, tant qu'il y a possibilité
de gain à revendre un article, il n'y a pas impossibilité
de voir arriver un acheteur. Mais il n'y a rien de certain,
rien de régulier, bien que cette situation soit celle des cas
ordinaires. Et dans le cas que nous envisageons, cas où le
fabricant ayant été circonvenu par un ou plusieurs commerçants rusés, est réduit à la nécessité de vendre quand

même, vingt fois sur une, il vend à perte ou sans bénéfices ; il perd alors le fruit de son travail ; il perd l'intérêt de son argent ; et si le cas se renouvelle, il est exposé le plus souvent à perdre son capital engagé, à se ruiner enfin, et à ruiner avec lui ses amis, ses parents, ses commanditaires, c'est-à-dire, nous le répétons, à faire naître avec ce désastre privé les rigueurs et les misères d'un chômage industriel.

Voudrait-on prétendre que les producteurs sont assez éclairés, assez prudents, assez rusés eux-mêmes pour éviter de tomber dans des piéges de cette nature ? Nous citerions à côté d'exemples concluants une foule de manœuvres, vulgaires aujourd'hui, qui bien entendues, peuvent toujours donner les résultats dont il s'agit. On connaît comment les choses se pratiquent dans les centres de fabrication. Deux, trois, quatre commissionnaires s'y sont positivement fait les arbitres de la vente. Le fabricant doit passer par leurs mains ou renoncer à écouler ses produits. Au lieu d'aider réellement à la vente, comme cela paraît certain au premier abord, ces commissionnaires la paralysent positivement. Il est plus d'une ville où l'on a vu et où l'on voit tous les jours des choses incroyables sous ce rapport. Les commissionnaires, commandités par deux ou trois grandes maisons de l'endroit, ont d'abord fait entre eux une ligue ayant pour but de rendre l'établissement de toute concurrence impossible sur la place. La ligue formée, ces messieurs, traités par les commanditaires selon le même système d'*habileté*, ont reçu l'ordre de favoriser en tout temps, en tout lieu, l'écoulement des produits des deux ou trois grandes maisons en question, au détriment des produits des petites maisons rivales. Les commissionnaires ont été

obligés d'obéir, sous peine de se voir retirer leur com-
mandites et de périr eux-mêmes. De telle sorte que les
petits fabricants ne peuvent vendre une seule partie de
leurs articles, que lorsque les grandes maisons ont com-
plètement écoulé les leurs. Est-ce là ce qu'on appelle un
bienfait de la part du commerce? Est-ce ainsi que l'on
voudrait entendre les facilités de la vente? On va supposer peut-être que de semblables associations sont très-
rares, et, du reste, peu difficiles à déjouer. Ce serait une
grave erreur ; elles existent presque partout d'une manière
plus ou moins apparente, plus ou moins nuisible aux
uns et plus ou moins profitables aux autres. Il faudrait
n'avoir jamais habité des centres de fabrication pour
ignorer cette vérité. Quant à la possibilité de surmonter
ces entraves, elle est au moins douteuse, surtout pour les
industriels qui ne travaillent pas avec l'appui d'une forte
somme d'argent. On résiste bien pendant une saison, pendant deux ou trois ; mais, à la longue, il faut toujours
succomber. Les commissionnaires sont en rapport direct
avec les magasins qui revendent en gros ou en demi-gros ;
ils sont même en rapport, depuis les chemins de fer,
avec les revendeurs au détail, principalement avec les
associations qui font ce dernier genre de commerce sur
une grande échelle ; et, dans leur correspondance, ils
savent si bien tourner les choses, que les produits des
commanditaires sont toujours l'objet de la faveur générale. Si ces divers acheteurs, ne s'en rapportant pas aux
commissionnaires et voulant faire leurs acquisitions eux-
mêmes, comme cela arrive fréquemment se transpor-
tent sur la place, ce n'est jamais le petit fabricant qui
connaît le premier leur arrivée et qui peut intriguer de
façon à recevoir leur première visite. C'est encore le com-

missionnaire, dont les précautions sont prises à ce sujet, qui obtient cet avantage. En deux mots de conversation il s'empare du nouveau venu, le pilote à sa guise, et s'il persiste à visiter des fabricants autres que ceux de l'association mutuelle, il est assez *habile* pour lui faire comprendre que M. *Tel*, dont les articles sont certainement de très-bonne qualité et qui offre incontestablement toutes les garanties désirables sous le rapport de la loyauté, se *trouve pour le moment dans une grande gêne, et que si l'on attendait seulement huit jours, une quinzaine, le besoin de vendre devenant de plus en plus pressant, on obtiendrait de grandes douceurs.* L'acheteur est enchanté de cette ouverture, il remercie son bienveillant ami le commissionnaire, accepte son dîner, lui laisse des ordres précis pour de fortes parties de son propre magasin, et lui recommande avec soin de guetter l'instant où le fabricant dans l'embarras sera réduit à faire la *douceur* si ardemment désirée... Il est superflu d'ajouter que l'acheteur étant rentré dans sa bonne ville, M. le commissionnaire s'arrange ensuite comme ses propres intérêts l'exigent, et que le fabricant, dont la position a été signalée comme embarrassée, bien qu'elle fût parfaitement bonne, reste la victime de cette tactique.

Nous ne donnons là qu'un aperçu général de ces sortes d'*habiletés*. Elles se compliquent selon les circonstances et les individus, et leurs variétés infinies ne diffèrent de l'exemple ci-dessus que par le degré d'audace ou de réserve auquel juge à propos de s'arrêter M. le commissionnaire parasite. La tactique est à peu près toujours la même, et bien que connue de tous et partout, elle réussit toujours, quelle que soit l'industrie et quelle que soit la vigilance du fabricant ou de l'artisan contre qui elle est dirigée.

Nous n'avons pas besoin de démontrer que cette tactique si préjudiciable aux producteurs industriels et aux
artisans, est également mise en usage dans bien des oc-
casions contre les producteurs agricoles. On connaît tous
les embarras que ces derniers éprouvent pour tirer un parti
convenable de leurs céréales, bestiaux, vins, bois, etc., et
il serait, du reste, trop long de développer une à une les
mille ruses auxquelles les acheteurs forains ont recours,
afin d'obtenir, à des prix désasteux pour le cultivateur,
les nombreux produits qu'ils vont revendre ensuite dans
les villes à des prix tellement élevés que la grande masse
des consommateurs ne peut les atteindre que trop rare-
ment. C'est là un des obstacles, malheureusement peu
compris, portés chaque jour à la consommation générale.

Quiconque veut se faire une idée du mal occasionné
par les intermédiaires, à propos de la vente des bestiaux
seulement, n'a qu'à examiner ce qui se passe sur les
marchés voisins de Paris, à Sceaux et à Poissy, par
exemple. Ces deux marchés n'ont lieu qu'une fois par
semaine. Lorsque les bestiaux ne sont pas vendus, il
faut donc qu'ils attendent huit jours ou qu'on les ra-
mène, chose difficile et coûteuse. Des bouchers qui
connaissent cette position ne manquent pas de l'exploiter;
ils ont des compères qu'ils envoient en éclaireurs et
qui font des offres dérisoires aux propriétaires. Bientôt
après, ils arrivent eux-mêmes, couvrent les offres
de leurs compères, et le producteur, craignant que la
cloche ne ferme le marché, et voulant éviter un *renvoi*,
donne son bétail à perte.

Souvent l'engraisseur a même été obligé d'emprunter de
l'argent pour acheter primitivement son bétail. A ce sujet,
il se fait des trafics déplorables : ou le prêteur se réserve

une part dans le bénéfice, et s'approprie ainsi le résultat le plus net du travail de l'agriculteur, ou il l'oblige à vendre quand-même, c'est-à-dire à se laisser rançonner par un raccoleur quelconque, qui, dans bien des cas, est encore l'associé du prêteur, s'il n'est pas le prêteur en personne.

Voici maintenant un autre côté de la question :

Ce n'est pas seulement par suite des combinaisons résultant d'une espérance de bénéfice privé que le commerçant ralentit la production industrielle et agricole dans certains moments et manque de l'activer dans certains autres ; c'est encore par faux calculs, fausses prévisions, fausses interprétations etc. ; car si la production dépend de la vente, la vente, lorsqu'elle n'est pas entravée par l'intrigue, dépend à son tour de la situation politique du pays et même du monde entier. Dans ce cas, nous nous hâtons avec plaisir de le dire, la droiture du commerçant n'est plus en jeu. Il agit selon ses inspirations d'homme et de citoyen, sans se préoccuper des ruses des spéculateurs de bas étage, et nous aimons à croire que ces derniers sont en petite minorité parmi nous. Nous sommes donc plus à l'aise ici. Nous signalerons des faiblesses dont personne n'est exempt, quand il s'agit du bien-être de la famille, de l'avenir des enfants, et nous n'aurons pas à gémir en présence d'intentions déloyalement sordides.

V.

— Pour qu'un commerçant sage et loyal puisse se livrer
sérieusement au négoce afin de faire ou d'accroître sa fortune, il faut qu'il ait confiance dans la situation générale
des affaires publiques, c'est-à-dire dans la politique suivie
par le gouvernement de son pays. Lorsque cette politique
lui semble bonne, il agit résolument, selon son aptitude et
ses ressources d'argent comptant ou de crédit; et il est
évident que si la situation politique inspirait toujours confiance au plus grand nombre, les commerçants tels qu'ils
existent aujourd'hui suffiraient presque à l'écoulement
de la production de la France, quelle que soit et quelle que
dût devenir son abondance; nous n'aurions plus alors à
nous préoccuper des éventualités redoutables du chômage
des ouvriers, de la gêne, des souffrances des différentes
classes d'artisans et d'industriels, que pour les circonstances exceptionnelles ou de force majeure.

Mais il n'en est pas ainsi. Nous sommes, hélas! bien
éloignés encore du jour où la France, marchant dans la
plénitude de sa force et de sa valeur intellectuelle et morale, aura décidément anéanti dans leur source les fer-
ments de haine, de division et de lutte politiques, dont
l'explosion, déja contenue bien des fois, ne cesse cependant

de nous menacer toujours. Nous ne voulons rien exagérer, et nous rendrions bien mal notre pensée si l'on pouvait croire que nous nous posons en alarmiste. Nous sommes au contraire persuadé que la récente impulsion donnée à la population peut devenir salutaire, si elle est bien dirigée, et nous avons lieu de compter sur l'idée réparatrice qui anime le chef du pouvoir actuel. Mais il n'en est pas de même pour tous nos concitoyens. Aucun des partis anciens ou nouveaux ne s'avoue vaincu. Ils gardent leurs convictions, leurs espérances. S'ils n'agissent pas c'est que la vigilance du gouvernement est aussi active qu'ils sont persévérants, et que la répression serait aussi implacable qu'ils se montreraient téméraires. Il résulte de cet état de choses, sinon une sorte de terreur avouée, au moins une vague inquiétude, une vague tristesse dont les effets menacent de paralyser le bon-vouloir public. Que faire à cela? Rien. On ne décrète pas, on n'impose pas la confiance ; elle dépend de l'intelligence, du désir, des facultés diverses de chacun. Telle loi qui rassure les uns et stimule leur activité, alarme les autres et les tient dans l'inertie. Telle tendance approuvée ici est blâmée ailleurs. Et puis, qui peut répondre du lendemain? qui connaît la véritable route à suivre? qui peut déterminer les véritables conditions du bonheur social? où est le système non expérimenté d'où puissent sortir enfin la stabilité pour la loi et la paix pour les hommes? Retournera-t-on aux vieilles institutions? S'affermira-t-on dans les nouvelles? Nul ne le sait. Chaque question est controversée. Chaque système s'est écroulé dans le sang et les ruines. Le doute est dans les espérances. L'incertitude est dans les résolutions. Vous entendrez, il est vrai, des hommes parler avec conviction de telle ou telle marche à suivre, de telle ou telle détermination énergique à prendre ; ils s'élèveront avec grandes phrases contre l'imprudence et l'aveuglement de ceux qui se résignent à vivre tristement sous l'empire de la peur ; mais vous devez remarquer aussi que ces mêmes hommes qui parlent si haut sont quelquefois ceux qui tremblent le plus, et qu'au lieu de joindre le bon exemple aux conseils dont ils sont prodigues, ils sont les premiers à n'agir qu'avec la plus extrême circonspection, à ne rien dépenser de leur superflu, à ne pas même oser faire les dépenses qu'ils faisaient dans les temps ordinaires. Ainsi que la plupart des familles, ils réduisent leur luxe, leurs plaisirs coûteux. Ils s'imposent des privations de toute espèce. Ni le linge, ni les meubles, ni les vêtements autres que ceux de première nécessité ne sont renouvelés. Et ce n'est pas seulement en France que les choses se passent ainsi : toute l'Europe est dans une situation analogue. Aussi la consommation continue-t-elle à faire défaut aux producteurs. Les magasins du commerce ne s'approvisionnent que faiblement. Chacun reste en expectative. On ne veut rien livrer à l'imprévu. On n'agit que sur les besoins immédiats. Peu ou point d'expéditions aventureuses. Peu ou point d'explorations lointaines. Partout un crédit soupçonneux, restreint, et partout des marchés qui ne se font plus que péniblement et donnant-donnant.

Inutile d'ajouter de nouveau que tout ce que nous disons ici pour le commerce industriel s'adresse encore, à quelques exceptions près, au commerce agricole.

Que serait-ce donc si une commotion nouvelle ébranlait tout à coup l'Europe ?

Et cependant à quoi tient le calme politique dans lequel nous nous trouvons ? — A une seule défection de quelques hommes, à une fausse mesure prise même avec les meilleures intentions du monde, à un coup de canon peut-être imprudemment tiré sur le continent ou sur les mers.

Convenons-en donc de bonne foi, rien n'est plus logique que la paralysie des opérations commerciales, rien n'est moins assuré que l'écoulement de la production, et rien n'est plus probable qu'une nouvelle suite de chômages dans les ateliers de l'artisan, dans les manufactures, dans les usines.

Conséquemment, puisque c'est de la régularité et de la permanence de l'écoulement de ces produits que dépend essentiellement la satisfaction des besoins et des convoitises de l'homme social, il faut, si l'on veut satisfaire ces besoins et ces convoitises, trouver une combinaison économique telle qu'elle puisse compléter l'œuvre à peine ébauchée par le Commerce.

VI.

Quelle sera cette *Combinaison nouvelle ?* dans quel
ordre d'idées la rencontrerons-nous? Tout a été dit, tout
a été appliqué, en matière de gouvernement, depuis le
communisme jusqu'au privilége des castes, depuis la
liberté illimitée jusqu'au pouvoir absolu. On a parlé des
banques d'échange, des comptoirs phalanstériens, des
associations de toute espèce. Le vice-roi d'Égypte a réalisé
le rêve de quelques socialistes : il s'est fait propriétaire
unique de tout le territoire ainsi que des éléments de la
production industrielle, et il n'a pas réussi à donner à son
peuple plus de bonheur que ne lui en aurait donné un
monarque vulgaire. On dit même que les Égyptiens ai-
ment mieux encore le vieux régime turc, qui n'est pas
des plus désirables assurément.

Voilà le langage que tient sans doute notre lecteur, et
nous avouons en toute humilité que, il y a peu de temps
encore, nous parlions absolument comme lui. Mais un
jour, en étudiant le budget que la France fournit à son
gouvernement, en voyant les sommes énormes payées

chaque année par de pauvres gens qui se résignent aux sacrifices les plus cruels, aux privations les plus dures pour satisfaire les exigences des collecteurs d'impôts, nous nous demandions avec douleur si les conditions de la vie sociale n'étaient réellement susceptibles d'aucune amélioration sérieuses. Nous nous demandions si la protection que le peuple attend de ses gouvernants devait toujours être acquise au prix de son repos, de son bien-être, de son bonheur. Nous nous demandions si la pauvreté, l'ignorance, les soucis déchirants et les fatigues d'un travail aussi ingrat dans ses résultats que noble dans son essence, devaient à jamais se perpétuer chez les uns, tandis que les autres peuvent sinon obtenir au moins prétendre à toutes les joies de ce monde, à toutes les gloires de la civilisation, à toutes les jouisssances de la fortune, sans qu'il leur en coûte autre chose que quelques mensonges faits à propos, quelques belles intentions hypocritement manifestées, quelques intrigues adroitement menées, et quelques opérations d'agiotage ténébreusement accomplies.

Et à ces questions si complexes et si longtemps débattues nous répondions toujours :

Il en est ainsi

Ou parce que l'homme qui produit quelque chose ne reste pas libre d'en retirer à propos le gain sur lequel il a compté,

Ou parce qu'il lui est impossible de faire fructifier les ressources dont il pourrait disposer,

Ou parce que la lourde charge des trop nombreux impôts absorbe elle seule, au village et à l'atelier, ceux des résultats du travail qui devraient être consacrés par l'agriculteur, par l'ouvrier, par l'artisan à l'amélioration graduelle du logement, du vêtement, de la nourriture de la famille et de l'éducation professionnelle et morale des enfants.

Mais alors, nous disions-nous aussi, si l'on voulait atteindre une bonne fois pour toutes la cause du mal, il faudrait donner à chacun la liberté de produire autant que ses facultés le permettraient, et il faudrait en même temps ou diminuer l'impôt ou en rendre la charge moins lourde.

Comment donner la liberté de produire ? — En donnant l'assurance de la vente, avons-nous déjà dit. Comment diminuer la charge des impôts ? Est-ce en réduisant les dépenses de l'état ? —Non. L'État ne reçoit que le strict nécessaire ; il est gêné, il est pauvre autant que le contribuable, et comme pour le contribuable, cette gêne est la cause aussi de l'impuissance où il se trouve de faire progressivement le bien.

Au lieu de diminuer le budget de l'État, il faudrait donc l'augmenter.

« Vous tombez dans un cercle vicieux, va-t-on s'écrier : Quoi ! vous voulez à la fois diminuer les impôts que paie chaque citoyen et augmenter le budget de l'État ! votre proposition est absurde. »

Doucement, s'il vous plaît, Messieurs. Vous allez voir que nous aboutirons.

L'État n'a de l'argent qu'autant que les citoyens lui en donnent, et si les citoyens ne lui donnaient rien, l'État n'aurait rien. Voilà qui est naïvement vrai, au point de vue des systèmes expérimentés. Mais lorsqu'ils n'ont rien non plus et que la force armée vient leur demander l'argent de l'impôt, que font les citoyens ? — Ils deviennent industrieux et ils gagnent de l'argent, afin de se mettre en mesure de payer. Or, pourquoi l'État ne ferait-il pas, lui aussi, ce que les citoyens ont le bon esprit de faire ? Pourquoi ne gagnerait-il pas, à son tour, au moins une partie de l'argent dont il a constamment besoin ?

Toute la question est là.

L'État est un protecteur de trop grand appétit. *Il y a bien longtemps que le pauvre monde s'épuise à travailler pour lui. Le moment est venu où il devrait travailler un peu pour le pauvre monde.*

Mais à quoi et comment l'État peut-il travailler pour gagner de l'argent ?

Doit-il se faire artisan, producteur agricole, producteur industriel ?

Non, car nous savons par l'expérience acquise depuis les temps les plus reculés jusqu'à nos jours, que l'État s'immisçant dans les branches de la production ou dans l'art de la manipulation des produits, atteindrait un résultat diamétralement opposé à celui que nous cherchons. Il détruirait les libertés et les espérances individuelles, les deux premiers mobiles de l'intelligence, de l'activité; et, conséquemment, le progrès général aurait à en souffrir. Mais si la production et la manipulation des produits doivent lui être interdites et rester à jamais à la libre disposition de chacun, *rien n'empêche de le faire intervenir pour la répartition, pour la vente de ces divers produits.*

Nous ne prétendons pas que la *vente* doive lui être exclusivement confiée. Non certes! Loin de nous l'idée d'un monopole semblable! il pourrait engendrer des abus inextricables, et occasionner, en certains moments, plus de mal qu'il n'aurait jamais fait de bien.

Ce que nous proposons , c'est l'organisation d'une grande *compagnie commerciale* chargée de faire, pour le compte de l'État, des opérations d'achat et de vente comme en font aujourd'hui les petites compagnies organisées par des associations de négociants. Nous ne demandons pas qu'elle ait un seul privilége, un seul secours du Trésor public. Nous demandons seulement qu'elle soit fondée sur des bases analogues à celles des Compagnie des Indes qui prospèrent en Angleterre, et à celles de la grande compagnie hollandaise, également prospère, et dont le roi Guillaume fut l'intelligent instigateur, en 1825. Et nous allons prouver qu'au moyen d'une institution de ce genre, qui fonctionnerait concuremment avec le Commerce actuel, il y aurait possibilité immédiate d'aplanir *toutes* nos difficultés sociales et de donner pleine et entière satisfaction à *tous* les intérêts publics ou privés, soit au point de vue moral, soit au point de vue matériel.

VII.

Supposons donc que le Gouvernement, approuvant
notre idée, veuille la mettre à exécution. Afin de s'entourer
de toutes les lumières nécessaires, et afin de donner aux
populations toutes les garanties désirables, il réunit en
un congrès ceux des négociants de chaque département
qui passent aux yeux de leurs concitoyens pour les plus
compétents, les plus dignes et les moins susceptibles
de trahir la haute confiance dont le public les honore.

Les membres de ce congrès solennel se divisent en autant de commissions qu'il y a de spécialités principales
dans le commerce général de la France.

Les uns traitent les questions d'importation et d'exportation; les autres se partagent les questions relatives à la
production et à la consommation intérieures. Toutes les
statistiques, tous les documents de quelque utilité sont mis
à leur disposition. Au besoin, ils font comparaître devant
eux un certain nombre des industriels, navigateurs, ar-
mateurs, cultivateurs, artisans, ouvriers, savants ou légis-
lateurs dont les conseils ou les connaissances pourraient

être utiles soit à l'ensemble soit aux détails de la *Combinaison nouvelle.*

Lorsque cet ensemble est bien compris, lorsque ces détails sont minutieusement étudiés, tous les membres se réunissent en séance publique et déterminent, sauf améliorations ultérieures, les bases principales sur lesquelles la COMPAGNIE FRANÇAISE aura le plus d'avantage à asseoir ses opérations. On s'arrêterait sans doute d'abord à la création d'un comptoir de vente et d'achat dans les chefs-lieux d'arrondissement et dans les cantons de quelque importance.

Chaque comptoir aurait son *directeur* de la vente et son directeur de l'achat.

Chaque spécialité de produits pourrait, au besoin, avoir un *sous-directeur* de vente, un sous-directeur d'achat et un nombre suffisant de commis de première et de deuxième classe pour tous les genres d'affaires.

Les départements seraient surveillés par une *direction générale* établie au chef-lieu.

Il y aurait des *inspecteurs* et des *sous-inspecteurs* par zones régionales, soit pour l'ensemble de l'organisation, soit pour ses branches spéciales.

Les opérations seraient centralisées au ministère du commerce. Tout le personnel serait hiérarchiquement classé. Il recevrait un uniforme convenable et obéirait à une discipline bien entendue. On allouerait aux employés subalternes un prélèvement fixe pour leur entretien; le traitement des employés supérieurs serait subordonné au chiffre d'affaires accompli par le comptoir, par le département, par la zone régionale, et l'émulation de tous serait constamment excitée par un intelligent système de primes ou remises.

Nous nous bornons à ces courtes indications. Il est fa-
cile de comprendre que les détails de cette organisation,
si vaste et si compliquée qu'elle paraisse au premier abord,
seraient cependant promptement réglés par ceux de nos
commerçants éclairés qui font aujourd'hui dans un cercle
restreint ce que l'État voudrait faire alors dans le même
cercle considérablement élargi.

Le choix d'un personnel aussi nombreux n'offrirait pas
non plus des difficultés insurmontables. Les hommes d'é-
lite du commerce existant ne manqueraient pas de recher-
cher les hautes et lucratives positions qu'offriraient les
directions générales, les inspections et sous-inspections.
Les positions moyennes, les positions inférieures même
offriraient encore des avantages plus certains que ceux
dont jouissent en ce moment les principaux commis des
magasins de nos grandes et de nos petites villes. Et puis,
il y aurait partout des retenues annuelles, calculées de
manière à ce que chaque membre de la *compagnie*, après
un temps de service déterminé, reçût toujours une pen-
sion de retraite, comme cela a lieu dans les grandes admi-
nistrations de l'État et dans l'armée. Leur avenir serait
donc assuré, tandis que, dans la position qui leur est faite
aujourd'hui, ils dépendent à la fois des éventualités d'affaires, des caprices, des exigences abusives d'un patron
qui, trop souvent, ne les aime ni ne les considère, et des
hasards si périlleux d'une perpétuelle concurrence.

Un nombre considérable de petits magasins et de bou-
tiques, dont presque tous les possesseurs végètent, souffrent et font alternativement faillite, seraient transformés
en succursales des comptoirs, et revendraient au détail ou
des spécialités d'articles, ou des spécialités assorties, selon
les besoins de la population qui serait à leur portée. On

leur laisserait un bénéfice comme celui que réalisent maintenant les débitants de tabac, de poudre, de cartes à jouer,
et de papier timbré. L'ardeur avec laquelle ces derniers
débits sont recherchés nous dispense de dire combien les
petits boutiquiers seraient heureux de se voir dans une
position semblable.

VIII.

Les comptoirs étant ouverts sur tous les points de l'intérieur du pays et de l'étranger où ils seraient jugés nécessaires, et le personnel qui devrait les faire fonctionner étant choisi, il resterait à trouver un mode d'achat et de vente offrant au consommateur, aussi bien qu'au producteur, toutes les garanties suffisantes.

On comprend tout de suite que la vente au consommateur aurait toujours lieu *au détail*, soit dans les comptoirs, soit dans les succursales; car la principale économie de notre système consiste à supprimer pour les marchandises le passage de main en main, qui augmente le prix et laisse la possibilité de l'altération des qualités. Pour revendre au détail, il n'y aurait donc aucun embarras sérieux. Le bénéfice ou *commission* que l'État voudrait prélever étant le même pour toute une catégorie d'articles, et ces catégories restant à peu près invariables, il suffirait de savoir combien les frais généraux de la compagnie élèvent les prix d'acquisition pour établir immédiatement les prix de vente, prix qui seraient fixes et consignés sur l'étiquette des articles. Cette étiquette ferait connaître aussi le nom du manufacturier ou de l'artisan qui aurait fabriqué l'article. Ces seules mesures et la haute sévérité des directeurs des comptoirs, empêcheraient suffisamment toute espèce de fraude, abus ou falsification. Le public connaîtrait toujours la valeur et la qualité réelles de ce qu'il achète ; il serait débarrassé de la crainte qu'il a d'être le plus souvent volé par le revendeur, et ni lui ni ce dernier ne perdraient un temps toujours précieux dans ces niaises et humiliantes discussions où ils passent jusqu'à des heures entières à débattre le prix d'un objet.

Mais si la vente au public peut se faire avec une simplicité et une commodité extrêmes, nous convenons volontiers que l'acquisition des produits créerait pour les comptoirs des difficultés qui semblent être sérieuses. Le but que nous voulons atteindre étant de fournir constamment à *tous* les agriculteurs, industriels et artisans l'occasion de tirer profit de *tous* leurs produits imaginables, il faudrait naturellement que l'appréciation de ces produits pût être faite d'une façon équitable. D'un autre côté, le but de la compagnie étant de gagner de l'argent pour le compte de l'État et pour l'indemnisation convenable de ses employés, il faudrait, de toute nécessité aussi, que ses acquisitions fussent faites de façon à pouvoir revendre avec bénéfice, malgré les milliers de concurrents qu'elle rencontrerait pendant longtemps dans le commerce privé. L'acquisition, considérée sous ce double point de vue, est donc la question la plus délicate de tout le Système ; elle doit avoir lieu dans des conditions d'une précision, d'une sûreté, d'une infaillibilité telles, que la pensée des hommes peu au courant de ces sortes d'opérations s'en effraie à bon droit. On refuse de croire que l'État parvînt jamais à réunir un assez grand nombre d'employés assez adroits, assez compétents, et surtout assez impartiaux et assez honnêtes pour mener à bien des affaires aussi ardues. On entrevoit dans tout ce mouvement d'entrées et de sorties, d'achats et de livraisons, une foule de détournements, malversations, concussions et voleries diverses, qui, jointes à des erreurs, à des négligences inévitables, jetteraient une semblable entreprise dans la confusion, dans le désordre, et la ruineraient de fond en comble.

Ces objections sont encore les plus fortes et les plus spécieuses que l'on puisse nous adresser. Nous répondons ceci :

Les employés de la Compagnie, sauf les hommes de peine, n'ayant presque pour appointements que des remises prélevées sur les affaires réalisées par le comptoir, par le département, par la zone régionale, et enfin par l'ensemble de l'institution, tous ont intérêt direct, permanent, à ce que ces mêmes affaires soient productives. Si elles étaient accomplies à perte, ils y perdraient tous. Ce ne serait donc jamais sciemment qu'ils proposeraient, conseilleraient ou laisseraient faire de mauvaises acquisitions, à moins de supposer qu'ils pourraient s'entendre avec un ou plusieurs des producteurs, auxquels ils feraient payer un article par le comptoir à un prix exagéré, afin de partager ensuite avec eux les sommes provenant de cette *plus-value*. Or, cette escroquerie ne serait pas plus possible que les autres, si le mode d'acquisition chez le producteur était organisé de la manière suivante :

Agriculture. — Nomination communale, cantonnale et départementale, par le suffrage universel, d'une commission de prud'hommes, chargée de prononcer sur les difficultés survenant entre les agriculteurs et le comptoir.

— Les produits divisés en autant de catégories qu'il y a de genres ou d'espèces offrant entre elles une analogie suffisante.

— Chaque genre, chaque espèce et ses analogues, subdivisés en trois, quatre ou cinq classes, selon les qualités appréciables des produits.

— Tarif arrêté de la valeur des produits, selon qu'ils appartiennent à l'une ou à l'autre des classes reconnues.

— Le comptoir achète les jours de foire ou de marché seulement.

— Un bordereau détaillé de la vente, signé et acquitté par le vendeur, reste dans les pièces à l'appui de la comptabilité du comptoir.

— Les bestiaux destinés à la consommation, achetés au poids, et payés conformément au tarif de la classe dans laquelle ils ont été rangés.

— Les animaux élevés pour le travail, l'agrément, le luxe, et tous les produits exceptionnels, appréciés à l'amiable dans un débat contradictoire, en présence, 1° d'un employé supérieur de la Compagnie, 2° de trois membres de la commission des prud'hommes nommée par la ville ou le bourg dans lequel se fait le marché, 3° et d'un membre au moins de la commission des prud'hommes de la commune où habite le vendeur.

Industrie. — Division, classification et tarif des produits selon le principe précédent.

— Désignation d'un ou de deux jours par semaine pour l'achat.

— Le bordereau de vente, signé et acquitté par le vendeur, industriel et artisan, détaillé comme pour les produits agricoles, et contenant de plus : 1° pour les tissus, la nature, la force de la chaîne et de la trame; 2° pour la bijouterie, le poids de l'or, de l'argent, la valeur des perles ou diamants; 3° pour les métaux, l'alliage qu'ils contiennent; 4° pour les produits chimiques, la propriété des substances dangereuses, etc...

— Dans les grands centres de fabrication, nomination de prud'hommes spéciaux pour assister aussi le producteur dans ses ventes ou réclamations au comptoir, dans les cas particuliers.

Encore une fois, nous n'avons pas la prétention de donner en quelques lignes un Système complet d'une telle importance. Nous en indiquons à grands traits les principes fondamentaux, et nous prions le lecteur de se souvenir qu'un congrès solennel des hommes les plus compétents de France devrait être chargé de l'organisation dont il s'agit. Ce que nous ambitionnons ici, c'est de faire entrevoir cette organisation, de démontrer aux plus sceptiques que notre idée n'est ni une utopie ni une chimère, et c'est de faire comprendre aux hommes de progrès que les difficultés pratiques qu'elle présente au premier abord ne sont nullement insurmontables.

En effet, les acquisitions de produits, qui sont la clef de voûte de l'entreprise, puisque d'elles dépendent nécessairement et simultanément la prospérité des producteurs et la prospérité de la compagnie, les acquisitions, surveillées, comme nous venons de le dire, par un employé supérieur, et justifiées par un bordereau détaillé des produits acquis, ne seraient jamais l'objet d'aucun trafic frauduleux sans que les coupables ne courussent le risque d'être promptement et inévitablement découverts. Or, des condamnations sévères, à l'amende et à la prison, seraient portées non-seulement contre l'employé prévaricateur, mais contre le producteur qui aurait consenti à signer un bordereau de vente faux ; et cette situation des uns et des autres, bien comprise de tous, porterait en elle seule autant de garanties d'ordre et d'honnêteté qu'on en pourrait désirer. Nous avons établi aussi que les employés des comptoirs ne s'aviseraient jamais d'acheter à trop grand prix, puisqu'ils perdraient ainsi l'espoir de toucher au bout de la saison la récompense de leurs peines ; il serait plus naturel, au contraire, de craindre que, poussés par l'espoir d'une plus forte somme de *remises*, ils ne fissent des efforts constants pour ne pas payer selon leur valeur les produits que l'agriculteur, l'industriel et l'artisan leur apporteraient. Cette objection là serait plus rationnelle, mais nous lui opposons :

D'une part, les commissions locales de prud'hommes dont le devoir serait de veiller à la classification, à l'estimation des produits toutes les fois que le cédant formulerait une réclamation, une plainte contre les agents du comptoir ;

Et, d'autre part, la libre faculté qu'aurait toujours le producteur de traiter avec le Commerce privé, si le comptoir avait la prétention malheureuse de lui refuser les avantages auxquels il pourrait prétendre.

IX.

Mais où s'arrêteraient les acquisitions du comptoir?

Achèterait-il *constamment tous* les produits acceptables qui lui seraient présentés?

Recevrait-il des articles en consignation ou achèterait-il *toujours* à ses risques et périls?

Oui, le comptoir aurait la possibilité d'acheter constamment, à ses risques et périls, tous ceux des produits courants connus ou de première nécessité qui lui seraient présentés. Tant que notre population, notre agriculture et nos matières premières resteront dans la situation où elles sont aujourd'hui, et avec les moyens d'exportation que nous possédons, la production générale ne pourrait en aucun cas, tout le monde le sait, s'élever même au niveau des besoins de la consommation (1). Ce n'est pas l'appétit, ce n'est pas le désir d'être bien vêtu, bien logé,

(1) Si les matières premières devenaient plus abondantes, les bras manqueraient..., et pour maintenir l'équilibre entre les produits et les besoins, il suffirait de n'admettre que dans une juste proportion l'entrée des travailleurs étrangers sur notre territoire. Nous ne parlons, bien entendu, que des travailleurs nomades, qui consomment peu, et viennent uniquement pour produire pendant un certain temps.

qui font défaut en France ; ce sont les moyens d'acheter de la bonne viande, du bon pain, du bon vin, de bons et beaux vêtements, de bons et beaux meubles.

Mais pourquoi les moyens d'acheter font-ils défaut à l'individu ? — Parce qu'il n'a pas l'occasion de travailler avec fruit selon sa force, son intelligence et sa bonne volonté.

Pourquoi l'individu n'a-t-il pas l'occasion de travailler avec fruit ?...

A cette question nous retombons inévitablement dans l'argumentation que nous avons déjà suivie. Nous revenons à la vente des produits, et nous répétons donc que *si le producteur pouvait toujours vendre, il ferait toujours travailler le plus possible afin de gagner davantage. Or, si l'on faisait travailler le plus possible en agriculture et en industrie, il n'y aurait chômage nulle part. S'il n'y avait jamais chômage, il y aurait toujours profit, salaire, rémunération. Et s'il y avait toujours ce gain, tout le monde pouvant suffire à ses besoins et nul n'ayant de trop vives inquiétudes du lendemain, la consommation générale s'accroîtrait de jour en jour dans des proportions énormes. Le débouché ne pourrait plus faire défaut.* Le marché intérieur absorberait seul bien au delà de tout ce que nous pourrions produire. Écoutons, d'ailleurs, M. Louis-Napoléon Bonaparte, président de la République, parler de ces questions avec l'autorité qui le caractérise et en s'appuyant sur les statistiques officielles :

« Le travail, dit-il, le travail qui crée l'aisance et l'aisance qui consomme, voilà les véritables bases de la prospérité d'un pays. Le premier devoir d'un administrateur sage et habile, est donc de s'efforcer, par l'amélioration de l'agriculture et du sort du plus grand nombre, d'augmenter la consommation intérieure, qui est loin d'être arrivée à son apogée. Car, *statistiquement* parlant, en France, chaque habitant consomme par an, en moyenne : de froment, méteil, seigle, 2,71 hectolitres, ce qui fait 328 rations de pain par individu et par an ; de viande, 20 kilog. ; de vins 70 litres ; de sucre, 5,4 kilog. Ce qui veut dire, *humainement* parlant, qu'il y a en France plusieurs millions d'individus qui ne mangent ni pain, ni viande, ni sucre, et qui ne boivent pas de vin. Car tous les gens riches consomment bien au dela de cette moyenne, c'est-à-dire 565 rations de pain au lieu de 528, 180 kilog. de viande au lieu de 20 kilog., 365 litres de vin au lieu de 70, et 50 kilog. de sucre au lieu de 3 et 2/5. »

« Nous ne produisons pas trop, mais nous ne consommons pas assez. »

« Au lieu d'aller chercher des consommateurs en Chine qu'on augmente donc la richesse territoriale ; qu'on emploie tous les bras oisifs au profit de toutes les misères et de toutes les industries ; ou plutôt qu'on fasse l'un et l'autre si l'on peut, (OUI, ON LE PEUT ! ET NOUS LE PROUVONS ICI) mais surtout qu'on n'oublie pas qu'un pays comme la France, qui a été si richement doté du ciel, renferme en lui-même tous les éléments de sa prospérité, et que c'est une honte pour notre civilisation de penser qu'au dix-neuvième siècle, le dixième au moins de la population est en haillons et meurt de faim en présence de millions de produits manufacturés qu'*on ne peut vendre*, et de millions de produits du sol qu'*on ne peut consommer !* »

Assurez, assurez donc la vente, Prince ! si vous voulez que tout le monde fasse travailler sans relâche. La solution du problème est là tout entière, et là seulement ! !

L'empereur Napoléon l'avait bien compris ainsi lorsque, des camps de la grande armée, il prescrivait à son ministre de l'intérieur de soulager les souffrances des manufactures françaises. Il écrivait d'Ostérode, le 7 mars 1807, la lettre que voici :

« Allez de l'avant... Par exemple, je suppose qu'Oberkampf ait des marchandises qu'il ne peut vendre, vous lui prêteriez 150,000 francs sur 500,000 francs de marchandises. Je n'entends pas venir ainsi au secours des nécessiteux, mais seulement des manufactures qui *faute de débit*, seraient dans le cas de suspendre leurs travaux. Mon but n'est pas d'empêcher tel négociant de faire banqueroute, les finances de l'état n'y suffiraient pas, mais d'empêcher telle manufacture de se fermer... Les comptes que vous me rendrez doivent se réduire à cette formule : J'ai prêté *tant* à cette manufacture qui a *tant* d'ouvriers, parce qu'elle allait être sans travail. »

L'empereur avait d'abord destiné à cet usage une somme de six millions. Mais il ne pensait encore alors qu'au système des avances sur consignation de marchandises. C'était déjà un pas en avant; sa vive et féconde intelligence étudiait la question; il cherchait un moyen plus efficace, car il comprenait assurément que les consignations présentent trop de dangers sous le rapport de l'altération, de la dépréciation des marchandises, sans assurer *réellement* la vente. Aussi les hésitations, les tâtonnements d'un puissant organisateur qui entrevoit une institution de salut sans avoir le temps de l'analyser et de se l'approprier tout à fait, se font-elles remarquer dans cette autre lettre qu'il écrivait encore de Finkenstein, le 27 mai de la même année.

« J'approuve fort ce que vous avez donné à MM. ***.

C'est justement pour cela que j'ai imaginé la mesure. *Mon but est de suppléer à la vente. Si cette mesure n'était que temporaire et que je ne voulusse y employer que six millions une fois payés, je serais de votre avis,* (le ministre craignait de perdre l'argent prêté et de ne pas réussir) *sans craindre cependant le risque de perdre quelques cent mille écus. Mais, comme cette première mesure est* UN ESSAI SUR LEQUEL JE VEUX BATIR UN ÉTABLISSEMENT STABLE ET PERPÉTUEL , *que je veux doter de quarante ou cinquante millions,* DE MANIÈRE QUE LE DÉBIT SOIT MOINS CRUEL POUR LES MANUFACTURIERS , *vous sentez que la mesure ne peut être bonne qu'autant que l'État* N'Y PERDRA RIEN. »

Ah! si quelqu'un était venu à cette époque offrir à l'illustre réformateur une combinaison par laquelle *l'État, loin de perdre en essayant de rendre le débit moins cruel aux manufacturiers,* aurait au contraire l'occasion de réaliser des centaines de millions de bénéfices, tout en assurant positivement l'écoulement des produits de l'agriculture et de l'industrie et en supprimant ainsi jusqu'à la possibilité des chômages, avec quel empressement, avec quelle reconnaissance ce conseiller n'aurait-il pas été accueilli !

X.

Le prince Louis Napoléon, qui a charge maintenant de
compléter l'œuvre du grand Empereur, son oncle, et qui,
lui aussi, connaît les souffrances et la pauvreté de notre
société, repoussera-t-il cette combinaison, aujourd'hui trou-
vée?... Croira-t-il pouvoir la mettre en pratique?... Nous
l'ignorons encore. Continuons cependant à supposer qu'il
l'a prise sous son patronage, et admettons encore que les
comptoirs sont ouverts.... Ils embrassent l'intérieur du
pays et s'étendent dans toutes les villes, sur toutes les pla-
ges du globe. Pouvant correspondre entre eux par les chemins de fer, par les télégraphes, par les navires à vapeur,
l'état de la production et de la consommation de l'univers
entier est facilement dressé à la direction centrale. Les ressources et les besoins de la race humaine ne restent plus
un mystère pour personne; on sait tout; on est à même
de tout prévoir; et ces documents si précieux, si impor-
tants, ne sont pas enfouis dans les bureaux; ils sont rendus publics, et servent ainsi de guide aux commerçants
isolés, qui, ne redoutant pas la concurrence du commerce

de l'État, veulent tenter, à côté de lui et sous sa loyale
protection, les hasards de la lutte.

Le corps diplomatique, les consulats secondent de
leurs efforts, de leurs lumières, de leur connaissance
des populations et des productions étrangères, les directeurs des comptoirs de l'exportation, ainsi que tous les
autres commerçans français. On ne craint plus alors d'en-
treprendre les expéditions et les explorations les plus
lointaines. Au moyen de ces renseignements et des statistiques exactes, les transports sont toujours dirigés là où
il y a chance certaine de débit.

Il en est de même pour le marché intérieur. On fait passer
au Midi, à l'Est, les produits superflus du Nord, de l'Ouest
et réciproquement. Une contrée cède ses vins, ses céréales,
ses bestiaux, ses laines, qu'elle ne peut absorber, pour recevoir les tissus, les fers, les aciers, les bijoux et autres
objets dont elle manque.

Tout homme un peu intelligent et bien au courant de
son métier peut travailler, fabriquer même pour son
propre compte avec une très-faible mise de fonds; car,
assuré d'un débit immédiat, et délivré des entraves de la
concurrence déloyale, il n'a plus besoin d'attendre le
bon plaisir d'une clientèle routinière. Aussitôt que son
ouvrage est terminé, il passe au comptoir, pour en toucher le montant, et rentre chez lui pour recommencer.

Une fois, deux fois par an, ou plus encore s'il en est
besoin, la compagnie fait de grandes acquisitions chez les
petits industriels et artisans des grandes villes, qui con-
fectionnent, fabriquent ou préparent d'une façon quelconque les articles de luxe, de mode, d'agrément, d'utilité
journalière, etc., etc. Elle ramasse ainsi tout ce qui pourrait constituer un encombrement pour les petites entre-

prises, c'est-à-dire une éventualité de chômage pour certaines branches de travail. Elle en use de même encore à l'égard des produits artistiques d'une vente et d'un transport commodes. Pour les originalités diverses, pour les dessins, pour les gravures, les tableaux, les bronzes, et pour la librairie, elle se charge d'essayer de vendre à la *commission*, mais, ne pouvant répondre du succès, elle ne s'engage à rien.

Ces acquisitions immenses, ces allées et venues d'un continent à l'autre, ces courses incessantes sur toutes les mers, donnent une impulsion nouvelle à la marine marchande, provoquent son accroissement, poussent son ardeur et mûrissent son expérience. Et si, parfois, elle était insuffisante, ou si elle voulait abuser d'une situation aussi exceptionnelle pour élever ses prix de transport, rien n'empêcherait l'État d'utiliser de temps en temps sa marine militaire pour les voyages au long cours.

XI.

On doit, certes, convenir que des résultats comme
ceux que nous venons de signaler constitueraient déjà pour
les affaires de notre pays une amélioration singulièrement
profitable à tous. Mais ce n'est pas tout :

Si l'ÉTAT-COMMERÇANT avait la faculté de vendre des
quantités énormes de produits sur le marché intérieur et
sur les marchés extérieurs, on sait déjà aussi que ses mesures auraient été prises pour y gagner de l'argent.
Quelle somme se réserverait-il entre le prix d'acquisition
et le prix de vente? Nous n'avons rien à préciser ici,
puisque notre pensée est que ces sortes de détails devraient être réglés publiquement par une réunion
d'hommes spéciaux; mais nous pouvons prévoir que ce
prélèvement, cette commission si l'on veut, devant couvrir les frais généraux et former un bénéfice net, ne serait pas moindre de quinze pour cent. Cinq pour cent,
par exemple, seraient destinés aux frais d'exploitation, et
les dix pour cent restants formeraient le bénéfice.

On varierait les prélèvements selon la nature des objets,

de manière toujours à favoriser la consommation des grandes masses populaires.

Maintenant à quel chiffre d'affaires s'élèveraient les opérations des comptoirs? — Ici encore nous n'avons que des probabilités à présenter, car il n'est pas possible de préciser, même approximativement, ni l'activité et l'intelligence que déploieraient les agents des comptoirs, ni la faveur que le public accorderait à l'institution nouvelle. Cependant il est un fait dont nous avons le droit de parler en toute assurance ; c'est celui de la baisse sensible du prix des produits revendus aux consommateurs. Dans l'état actuel des choses, ces produits passent des magasins du marchand en gros à ceux du marchand en demi-gros avant d'arriver au modeste détaillant. Ces trois spéculateurs en augmentent successivement le prix qui de quinze ou vingt pour cent, qui de vingt ou vingt-cinq pour cent; il n'est pas rare même que l'un des trois au moins ne veuille y gagner vingt-cinq ou trente pour cent ; et, en définitive, le consommateur paie toujours, en moyenne, chacun des articles qu'il achète environ un tiers ou un quart en sus de la valeur que le producteur leur avait assignée. Or, le comptoir recevant directement du producteur, et ne prélevant qu'une commission de quinze pour cent en moyenne, le consommateur qui va s'approvisionner au comptoir paie nécessairement 18, 20, 25 et souvent 30 pour 100 de moins que s'il était allé s'approvisionner chez un détaillant, et il a de plus l'assurance de n'être pas trompé sur les qualités. En conséquence, il est logique d'affirmer que toutes les fois que le comptoir sera à leur portée, les consommateurs ne manqueront pas de s'adresser à lui et de négliger complétement le détaillant qui persisterait à maintenir les prix actuels.

Cela revient à dire que les détaillants de toute sorte seraient obligés de fermer boutique, s'ils ne se résignaient
à vendre au prix connu du comptoir et souvent même
à un prix moins élevé, afin de compenser, par cette diffé-
rence, les chances de mauvaise qualité ou de falsification
qui existeront toujours dans les magasins de l'un et jamais
dans ceux de l'autre. La Compagnie française deviendrait
ainsi un régulateur du commerce. Nous savons parfaitement que tout ceci serait nuisible à bien des espérances ;
nous savons qu'un grand nombre de familles ne pourraient
plus s'élever à de grandes fortunes aussi rapidement qu'on
le voit aujourd'hui : nous savons également que la vente à
15 pour 100 en sus du prix de fabrique ne permettrait pas à
certaines maisons de couvrir leurs frais généraux, leurs
frais particuliers, et de soutenir la concurrence du comptoir;
il y aurait donc des contrariétés, des malheurs inévitables
pour beaucoup de personnes. Mais, quoi! les intérêts de
quelques milliers d'hommes, si respectables qu'ils soient,
doivent-ils être préférés à un intérêt majeur de toute la
population? Pour donner la richesse ou pour laisser l'espoir de l'obtenir à cinquante ou soixante mille chefs de
maison, faut-il renoncer à donner le bien-être, l'abondance réelle à trente-six millions de Français?... Non,
sans doute. Cette alternative n'est même pas discutable.
Le progrès, dans sa marche ascendante, soulève chaque
jour des questions de ce genre, qui toutes sont résolues
par le bon sens public au profit du plus grand nombre.
Voyez ce qui s'est passé de tout temps à l'occasion des
innovations ; voyez surtout ce qui vient d'arriver sous nos
yeux lors de la création des chemins de fer. A-t-on reculé,
lorsqu'il s'est agi de les construire, devant le préjudice
qu'ils porteraient à certaines contrées et à certaines entre-

prises? Pas le moins du monde, et l'on a eu raison. Il faut que chacun subisse la nécessité des temps : c'est la loi de nature.

Il est donc avéré que les comptoirs auraient pour clientèle une grande majorité de la population d'abord, et la presque unanimité ensuite, si le Commerce s'avisait de ne pas réduire ses prix dans les proportions indiquées plus haut. Et il est avéré aussi que cette réduction ne pourrait que très-exceptionnellement descendre au-dessous des prix des comptoirs, sans que le commerçant n'y trouvât sa ruine. C'est là, assurément, un avantage nouveau pour le consommateur et une condition de succès pour les opérations de la *Compagnie*.

Nous allons en trouver d'autres encore.

XII.

Si dans les premiers temps de l'organisation de ses comptoirs, l'État veut, par prudence, ne faire acheter et revendre que des objets d'un débit courant et forcé, nous sommes obligé de convenir que les bénéfices réalisables ne pourraient guère s'élever, après le paiement des employés, à plus de deux cent cinquante ou trois cent millions par année.

Avec cette somme cependant on ferait largement face au déficit que laisserait dans le budget la suppression radicale de l'impôt des boissons, déjà un peu réduit, et on ferait face aussi aux difficultés que créerait pour les communes la suppression des octrois, suppression que réclament impérieusement le bon sens, la justice, l'intérêt public.

La suppression des octrois et de l'impôt des boissons déterminerait une baisse nouvelle sur presque tous les produits destinés à l'alimentation publique, et cette baisse ne serait autre chose qu'un accroissement de ressources pour les consommateurs, quelle que soit leur place dans la société.

Mais si, comme cela serait très probable, les comptoirs finissaient par s'emparer de la plus grande partie du commerce général du pays, ils agiraient alors sur un chiffre d'affaires d'au moins quatre ou cinq milliards, en y comprenant, cela va sans dire, les affaires de l'importation et de l'exportation.

150/0 prélevés sur quatre ou cinq milliards ne laisseraient pas que de donner six ou sept cents millions ; et cette somme qui, quoi qu'on en puisse croire, n'est aucunement chimérique, serait alors plus que suffisante pour remplacer dans le budget les recettes de l'impôt foncier et pour constituer largement les banques de crédit agricole.

Ces deux derniers bienfaits, et celui de la suppression de l'impôt des boissons soulageraient plus particulièrement le malaise, la gêne, la misère qui accablent depuis si longtemps nos populations agricoles.

Quelles joies ! quels concerts de bénédictions éclateraient tout à coup des Alpes jusqu'à l'Océan et des Pyrénées jusqu'au nord... Pouvoir tirer bon parti de tous les produits que donne la terre... acheter à meilleur compte tout ce dont il a besoin... être à jamais délivré des atteintes de l'usure... et ne plus payer ni octroi, ni impôt des vins, ni impôt foncier... mais ce serait pour l'agriculteur la réalisation de tous ses rêves, le renouvellement de l'âge d'or ; il croirait voir s'ouvrir devant lui le séjour des élus ! ! ! Et après la joie, après l'ivresse d'un bonheur si imprévu, bien qu'il ait dans tous les temps servi de texte aux hableries des intrigants politiques, nos braves paysans, sortant comme d'un long cauchemar, se hâteraient de consacrer à des emplètes de linge, de drap, d'indiennes, de fer, d'acier, de bagues et de croix d'or, ces pauvres écus qu'ils se résignent encore à jeter tristement, et en détournant la tête, dans la vaste besace de l'éternel quêteur que l'on nomme l'État. Après les tissus, le fer et les croix d'or viendraient les meubles... Puis les livres... Puis les estampes enluminées... Puis les gravures... Puis les statuettes des grands hommes, peut-être !!!

Et alors, tandis que dans les villes on consommerait en abondance les produits du village, dans les villages on consommerait en plus grande abondance encore les produits de la ville.

Et alors, tandis que patrons et ouvriers, maîtres et journaliers travailleraient avec l'ardeur que donne la satisfaction de l'âme, nul parasite insatiable, nul spéculateur déloyal ne viendrait, pour s'engraisser de leurs dépouilles ou de leurs peines, ruiner les uns et affamer les autres.

La paresse et la mendicité seraient bannies de notre sol.

Le mensonge y deviendrait un art improductif.

Le vol n'y serait plus nécessaire.

La femme y vivrait sans être réduite aux ignobles trafics de la prostitution.

Les hommes d'intelligence et de noble fierté qui, sous tous les gouvernements, n'ont su que faire de leur science et de leur bon vouloir, se jetteraient avec confiance dans le mouvement de la production pour en multiplier les développements.

Les hommes d'agiotage et d'usure comprendraient que leur règne stérile va finir.

Le gouvernement, cessant d'absorber sans compensation suffisante les plus purs éléments de l'abondance, à laquelle nous aspirons tous, donnerait au lieu de prendre, enrichirait au lieu d'appauvrir.

Toute l'activité, toutes les forces, toutes les aptitudes

de la vaillante nation française, surexcitées sans cesse contre le mal, convergeraient enfin vers l'accomplissement du bien.

Et de qui dépendrait cette transformation miraculeuse? — Elle dépendrait de vous, de vous seul, Monsieur le Président de la République. Comme vous le disiez il y a peu de temps encore, à propos de votre généreux projet de *l'extinction du paupérisme* : « Pour accomplir un projet si digne de l'esprit démocratique et philanthropique du siècle, si nécessaire au bien-être général, si utile au repos de la société, il faut trois choses : 1° *une loi*, 2° *une première mise de fonds*, 5° *une organisation.* »

Eh bien! Prince... *cette loi*, vous pouvez la rendre. *Cette organisation* vous donnera 150 ou 200 mille fonctionnaires nouveaux, tous zélés, dévoués, disciplinés... Et *cette mise de fonds*, au lieu de grever le trésor public, le mettra, au contraire, dans une prospérité inouïe. Ces ressources inespérées vous serviront à réaliser les améliorations que vous avez si bien conçues. Vous pourrez donner à l'enseignement, aux lettres, aux arts, une impulsion extraordinaire et récompenser, comme ils le méritent, tous les grands services rendus à la cause sociale.

Ah! nous vous répétons avec espoir les nobles et sages paroles que vous adressiez à travers les barreaux de votre prison à ce malheureux peuple français, qui depuis ce jour là s'est donné à vous sans réserve :

« Que le gouvernement mette à exécution notre idée en la modifiant de tout ce que l'expérience des hommes versés dans ces matières compliquées peut lui fournir de renseignements utiles, de lumières nouvelles; qu'il prenne à cœur tous les grands intérêts nationaux; qu'il établisse le bien-être des masses sur des bases inébranlables, et il sera inébranlable lui-même. La pauvreté ne sera plus séditieuse, lorsque l'opulence ne sera plus oppressive ; les oppositions disparaîtront, et les prétentions surannées qu'on attribue à tort ou à raison à quelques hommes s'évanouiront, comme les *folles brises* qui rident la surface des eaux sous l'équateur, s'évanouissent en présence du *vent réel*, qui vient enfler les voiles et faire marcher le navire.

« C'est une grande et sainte mission, bien digne d'exciter l'ambition des hommes, que celle qui consiste à apaiser les haines, à guérir les blessures, à calmer les souffrances de l'humanité, en réunissant les citoyens d'un même pays dans un intérêt commun, et en accélérant un avenir que la civilisation doit amener tôt ou tard.

« Dans l'avant-dernier siècle, La Fontaine émettait cette sentence, trop souvent vraie, et cependant si triste, si destructive de toute société, de tout ordre, de toute hiérarchie : « *Je vous le dis en bon français, notre ennemi, c'est* « *notre maître !* »

« Aujourd'hui, le but de tout gouvernement habile doit être de tendre par ses efforts à ce qu'on puisse dire bientôt : *Le triomphe du christianisme a détruit l'esclavage.. le triomphe de la révolution française a détruit le servage...* LE TRIOMPHE DES IDÉES DÉMOCRATIQUES A DÉTRUIT LE PAUPÉRISME. »

FIN.

www.ingramcontent.com/pod-product-compliance
Ingram Content Group UK Ltd.
Pitfield, Milton Keynes, MK11 3LW, UK
UKHW020036100726
13658UKWH00003B/1350